《铁路保价运输管理办法》条文释义

《铁路保价运输管理办法》条文释义编写组　编

中国铁道出版社有限公司

2019年·北　京

内容简介

本书对《铁路保价运输管理办法》全部内容逐条进行了全面、准确、深入的阐释。主要包括总则、机构职责、业务管理、营销管理、资金收支管理、信息与分析、附则及附件。为便于读者学习，在每条释义前都附有条文正文。

本书可作为铁路职工学习掌握《铁路保价运输管理办法》的参考资料。

图书在版编目(CIP)数据

《铁路保价运输管理办法》条文释义/《铁路保价运输管理办法》条文释义编写组编. —北京：中国铁道出版社有限公司，2019.8

ISBN 978-7-113-26165-8

Ⅰ.①铁… Ⅱ.①铁… Ⅲ.①铁路运输-货物运输-保价运输-交通运输管理-规则-解释-中国 Ⅳ.①U294.1-65

中国版本图书馆 CIP 数据核字(2019)第 174823 号

书　　名：《铁路保价运输管理办法》条文释义

作　　者：《铁路保价运输管理办法》条文释义编写组

责任编辑：聂宏伟　秦绪涛　　　**编辑部电话：**010-51873024

封面设计：崔丽芳

责任校对：苗　丹

责任印制：高春晓

出版发行：中国铁道出版社有限公司(100054，北京市西城区右安门西街 8 号)

网　　址：http://www.tdpress.com

印　　刷：中国铁道出版社印刷厂

版　　次：2019 年 8 月第 1 版　2019 年 8 月第 1 次印刷

开　　本：880 mm×1 230 mm　1/32　印张：1.875　字数：38 千

书　　号：ISBN 978-7-113-26165-8

定　　价：8.00 元

前　　言

2018年实施货运票据电子化后，中国铁路总公司（以下简称总公司）对《铁路保价运输管理办法》（铁总运〔2015〕319号）进行了适应性修订，并印发新的《铁路保价运输管理办法》（铁总货〔2019〕94号，以下简称《保价管理办法》）。

本书逐条对《保价管理办法》的条文进行了解释说明，条文释义力求详尽完整，帮助读者深入详细地了解文件内容。本书所作释义，仅限铁路运输企业内部使用，不作为承运人与托运人、收货人划分责任的依据。

《保价管理办法》是规范铁路保价运输内部管理的基本规章，明确了总公司、铁路局集团公司、专业运输公司保价管理的职责，对保价运输受理承运、安全防范、损失赔（补）偿等进行了规范，并对营销管理、资金收支管理、信息统计等方面提出具体要求。

一、《保价管理办法》的主要内容及特点

《保价管理办法》共有七章六十八条。正文包括总则、机构职责、业务管理、营销管理、资金收支管理、信息与分析等内容；附件包括重点保价行包、货物（△B）运输台账、保价费率浮动审批表、保价费率浮动情况表、货物保价运输报告、行包保价运输报告、货物损失赔款局间清算表、保价标识等。

1. 完善了保价货物损失补偿规定。《保价管理办法》提出保价货物损失补偿的要求，明确了保价补偿范围和程序、补偿款

列支途径、接取送达和仓储环节中的损失补偿规定，使全程物流过程中的保价货物损失补偿更具有操作性，更加符合物流市场规律。

2. 丰富了保价营销管理。由于保价运输自愿的原则，保价收入的取得不同于其他运输收入，需要积极开展营销宣传并加强客户关系管理。为使保价运输更好地适应市场的需求，《保价管理办法》明确了费率浮动、市场分析、客户关系管理、保价营销宣传的具体内容，提出了保价营销管理要求。

3. 明确了保价资金收支管理要求。自 1991 年开展保价运输以来，保价资金一直按专项资金进行管理。由于其具有不同于一般运输收入的特性，为便于加强资金的监督管理，《保价管理办法》对保价资金管理方式及原则、收入及清算、成本支出范围及比例等方面进行了集中阐述和明确，便于铁路运输企业更好地加强保价资金管理，充分发挥保价资金的作用。

二、《保价管理办法》的主要变化

《保价管理办法》整体结构和主要内容基本遵循铁总运〔2015〕319 号文件，同时适应货运票据电子化和新修订的《铁路货物损失处理规则》（铁总货〔2018〕182 号）、《铁路保价运输规则》（铁总货〔2019〕93 号）的变化，根据业务发展和专业管理的需要，进行了相应调整，主要包括：

1. 适应货运票据电子化发展要求。按货物运单格式变化和取消纸质单据的要求，修改具体表述。如：用“承运人记事”替代“承运人记载事项”，并规范记事内容，将原来分别记载的事项统一为标准记事形式在“托运人记事”栏记载。

2. 根据近年来新发布文电进行适应性调整。一是与新修订的《铁路货物损失处理规则》保持一致。将货物损失赔(补)偿通知书下达后及时送财务,改为在2个工作日内送财务;将车站的办赔款局间互不清算的额度由500元增加到1 000元,与轻微损失等级相对应。二是调整保价费率浮动内容。明确了保价费率浮动也可按物流总包项目实施(其中保价收入应不低于该物流总包项目总额的1%),针对大客户保价情况也可进行约定。促进大客户、物流总包业务开展物流全程保价运输。

3. 进一步下放保价业务管理权限。一是根据各铁路局集团公司上年保价收入实际完成计算保价更新改造支出额度,纳入发展和改革部年度投资计划文件一并下达。二是增加合资、股改、地方铁路公司保价收入用途及具体收支可由公司与铁路局集团公司协商确定的规定。三是将委托代办保价业务费的比例调整权限下放给铁路局集团公司,灵活适应市场变化。

4. 统筹考虑铁路保险公司业务发展。为促进保价保险业务融合发展,新增铁路保险公司办理货运保险业务的管理内容,便于今后货运保险业务开展。

参加本书编写的有总公司、各铁路局集团公司、专业运输公司、铁科院集团公司和北京交通大学、西南交通大学、中南大学等高校的同志。编写人员主要有李杰、江立、李想、黄启营、潘贺、张中华、盛国辉、冉雄英、曹海燕、杨红刚、曾韶峰、王占伟、李莉、宋伟、栾瑞芳、龚月华、林义忠、万涛、谢利豪、李春华、陈应容、向全富、李猛、柴宝柱、王玉清、刘岩、张会杰、章俊、李津京、任英、帅斌、冯芬玲、阎美好、侯敬、付建飞、张玉福、刘伟斌、陈京伟等同志。全书总体结构、各章内容由李杰、江立、黄启营统合、审校。

本书编写过程中,得到了总公司领导的关怀指导,得到了总公司货运部、发展和改革部、企业管理和法律事务部、财务部、科技和信息化部、国际合作部、经营开发部、安全监督管理局和铁科院集团公司、信息技术中心等部门、单位以及各铁路局集团公司、专业运输公司有关专家的支持和帮助，在此深表感谢！

由于编写组水平有限，书中难免有不妥之处，敬请读者批评指正。

编写组

2019 年 7 月 1 日

目　　录

第一章 总　　则

第一条　为确保铁路行李、包裹(以下简称行包)、货物运输安全,加强铁路保价运输管理,根据《中华人民共和国铁路法》和《铁路保价运输规则》(铁总货〔2019〕93 号),制定本办法。

【释义】本条明确了制定《保价管理办法》的目的和依据。

第二条　本办法是对行包、货物保价运输工作的基本规定和要求,不作为保价运输合同双方划分责任的依据。

【释义】本条明确了《保价管理办法》是规范铁路保价运输业务管理的内部规定和要求。

《保价管理办法》作为规范保价运输业务管理的内部文件,不作为保价运输合同双方划分责任的依据。《保价管理办法》共有七章六十八条,分别是总则、机构职责、业务管理、营销管理、资金收支管理、信息与分析、附则。

第三条　本办法适用于中国铁路总公司(以下简称总公司)及所属铁路局集团公司、专业运输公司。国际联运国内段货物保价运输适用本办法。

【释义】本条明确了《保价管理办法》的适用范围。

《保价管理办法》的适用范围与《铁路保价运输规则》(以下简称《保价规则》)的适用范围一致。

为贯彻党中央关于加快推动中国铁路总公司股份制改造的决策部署,经国务院批准同意,中国铁路总公司改制成立中国国家铁路集团有限公司,于2019年6月18日在北京挂牌。因此本书中的中国铁路总公司或总公司即为中国国家铁路集团有限公司。

第四条 国铁控股的合资铁路办理直通运输的保价运输时,所在地铁路局集团公司应与其签订保价运输协议,或在签订运输(物流)协议时,一并明确双方的运输责任划分、理赔清算、收入分成、安全防范、争议处理等内容。

地方铁路办理直通运输的保价运输时,可按国铁委托地铁代办的形式办理,也可按比例分成,由所在地铁路局集团公司与地方铁路协商确定。非国铁控股的合资铁路比照地方铁路办理。

【释义】本条明确了合资、地方铁路办理保价运输的规定。

办理直通运输的保价运输时,国铁控股的合资铁路采用按比例分成的形式,地方铁路和非国铁控股的合资铁路,可采取委托代办,也可按比例分成,具体内容由所在地铁路局集团公司与其协商,签订协议予以明确。协议可以是单独签订的保价运输协议,或在签订的运输(物流)协议中包含保价运输的相关内容。

第二章　机构职责

第五条　总公司货运部负责总公司保价运输管理(含国际联运),组织开展保价品牌创建和保价营销策划;指导、监督行包、货物损失调查、处理和赔偿工作;指导、监督保价投资和保价资金收支管理工作;指导、监督代理铁路货物运输保险工作等。

有关国际联运保价货物损失调查处理受总公司国际合作部指导。

【释义】本条明确了总公司有关部门对保价运输管理的主要职责。

根据总公司各部门管理职责的相关文件规定,总公司货运部主要从全路层面组织和开展保价营销策划,加强保价运输品牌建设;负责指导和监督保价运输相关工作的开展。总公司国际合作部指导国际联运保价货物损失调查处理。本条仅提出了主要职责,包含的具体职责由总公司文件规定。

第六条　铁路局集团公司、专业运输公司在货运或客运管理部门设置保价运输管理机构或指定机构、人员负责保价运输的管理工作;在直属车务站段(含货运中心,下同)

设置保价运输管理人员。

国境站所在铁路局集团公司业务主管部门指定人员负责国际联运保价运输工作，其他铁路局集团公司应在保价管理机构内指定人员负责。

铁路局集团公司、专业运输公司保价运输管理机构主要负责保价运输日常管理，组织保价营销宣传、保价业务开展、保价费率管理、客户关系维护、保价统计分析；负责行包、货物损失调查、处理、赔偿等工作，参与解决赔偿纠纷、诉讼事宜；负责保价投资和保价资金收支管理工作；负责指导控股合资铁路保价运输工作，与地方铁路合作开展保价运输业务；负责国际联运货物保价运输管理工作；负责代理铁路货物运输保险管理工作等。

【释义】本条明确了铁路局集团公司、专业运输公司及直属车务站段（含货运中心，下同）的保价运输管理机构（人员）设置及主要职责，并对国际联运保价运输管理机构也予以明确。

对铁路局集团公司、专业运输公司保价运输管理机构的主要职责从保价业务、损失处理及理赔、保价投资及资金收支管理等方面进行了具体明确。各铁路局集团公司、专业运输公司保价运输管理机构应根据保价运输有关规定及总公司货运部的统一部署，负责铁路局集团公司管内保价运输日常工作的开展；各站段保价运输管理人员应加强法律法规和业务学习，根据《中华人民共和国铁路法》《保价规则》等文件和铁路局集团公司统一安排，开展保价运输工作。

第三章　业务管理

第一节　受理承运

第七条　铁路局集团公司、专业运输公司可利用行包或货运营业窗口、12306平台、95306平台及客服电话、上门服务等渠道，全面开展保价运输业务受理。

【释义】本条明确了铁路保价运输办理的主要渠道。

办理渠道不仅限于以上几种方式，应根据铁路局集团公司实际情况，积极通过多种方式开展保价运输业务受理，满足客户办理方式多样化的需求。

第八条　受理行包、货物保价运输时，应审查运输单据中有关保价运输内容的填记情况，正确核收保价费。

【释义】本条明确了受理保价运输时的要求。

受理保价运输时首先要审查行李包裹托运单、货物运单等运输单据中有关保价运输内容的填记情况，根据所适用保价费率，正确核算并收取保价费。

第九条 车站受理一批保价金额在50万元及以上的整车(含批量零散快运,下同)、集装箱货物,一批保价金额在20万元及以上的零担(含零散快运,下同)货物,或其他需要重点看护的保价货物,应建立"重点保价行包、货物(△B)运输台账"(附件1)。车站应在货物运单"承运人记事"栏中选择"△B"。

【释义】本条明确了对受理重点保价货物(△B货物)的要求。

重点保价货物是指一批保价金额在50万元及以上的整车(含批量零散快运)、集装箱货物和一批保价金额在20万元及以上零担(含零散快运)货物,或其他需要重点看护的保价货物。对于重点保价货物要建立台账(在"铁路保价运输管理系统"中),适应货运票据电子化变化,货物运单受理时,受理人员要在承运人记载事项中选择"△B",装车及制单时,可对"承运人记事"中的"△B"进行核对和补选,便于在运输过程中采取安全防范措施和加强盯控。

第十条 车站受理单件保价金额在5 000元及以上的行包,一批保价金额在10万元及以上的行包,或其他需要重点看护的保价行包,应建立"重点保价行包、货物(△B)运输台账"。车站应在行包票据、装载清单上加盖"△B"戳记(或用红色书写)。

【释义】本条明确了对受理重点保价行包(△B行包)的要求。

重点保价行包是指单件保价金额在 5 000 元及以上的行包，一批保价金额在 10 万元及以上的行包，或其他需要重点看护的保价行包。对于重点保价行包要建立台账，并在相应的票据上标记，便于在运输过程中采取安全防范措施和加强盯控。

第二节　安全防范

第十一条　各单位应加强铁路运输过程中的安全防范，对Ⓑ行包、货物采取有效的安全防范措施，保证运输安全。

【释义】本条明确了安全防范的总体要求。

为体现出保价运输安全过程管理的优势，区别于非保价运输和保险，各单位应采取措施加强对重点保价行包、货物的安全防范。

第十二条　发站对Ⓑ行包、货物应组织监装、及时挂运，运送途中严格交接检查。沿途各编组站、区段站对装有Ⓑ货物的车辆应及时挂运，沿途各中转站对Ⓑ行包应及时中转，在站中转停留时间一般不超过 24 小时，发现问题及时处理。对保留列车中的Ⓑ行包或装有Ⓑ货物的车辆，车站负责组织人员重点看护。Ⓑ行包、货物运抵到站后，车站应及时组织卸车并通知收货人领取。

【释义】本条明确了对Ⓑ行包、货物安全防范的具体要求。

发、到、沿途各站要对Ⓑ行包、货物从接收到交付各环节进行重点看护，确保行包、货物安全。通过采取安全防范措施，体现出铁路对Ⓑ行包、货物的重视，属于保价增值服务的内容。

沿途各编组站、区段站对装有Ⓑ货物的车辆应及时挂运，在站停留时间一般不超过 24 小时，发现问题及时处理。沿途各中转站对Ⓑ行包应及时中转，在站中转停留时间一般不超过 24 小时，发现问题及时处理。对保留列车中装有Ⓑ货物的车辆、不能及时中转的Ⓑ行包，由保留车站、中转站安排人员重点看护、交接。到站之后车站应及时组织卸车，尽快通知收货人取货，并在收货人收货前认真看护行包、货物，保障Ⓑ行包、货物安全。

第十三条　对装有Ⓑ货物的整车，铁路局集团公司可根据需要组织押运护送，并在货物运单“承运人记事”栏内注明“铁路保价押运”，押运人乘车费不再核收。

铁路局集团公司应加强押运管理，确保货物和押运人安全，沿途车站对铁路保价押运人员应提供工作和生活上的便利，协助完成押运工作。

【释义】本条明确了有关Ⓑ货物押运的要求。

押运是安全防范措施的一种，Ⓑ货物是否需要组织押运护送由铁路局集团公司根据货物品类、沿途治安状况及具体区段等实际情况确定，同时为适应货运票据电子化变化，在货物运单“承运人记事”栏内注明。由铁路局集团公司组织的Ⓑ货物押运人乘车费不再核收，这是保价增值服务的内容。其他押运人的乘车费仍应按现行有关规定核收。

第三节　损失赔偿

第十四条　保价行包、货物在铁路运输过程中发生承运人责任的损失时，承运人应对行包、货物损失进行赔偿。

【**释义**】本条明确了保价行包、货物损失的赔偿范围。

发生承运人责任的损失时，应对保价行包、货物进行损失赔偿。承运人责任损失是由承运人责任直接导致的行包、货物损失，是指从接收行包、货物时起到将行包、货物交付收货人时止，这个过程中发生的非免责条款的全部损失。

第十五条　保价行包、货物在铁路运输过程中发生损失时，车站应编制证明行包、货物损失的记录交给客户，同时，告知客户索赔流程、时限及需要准备的证明文件。

【**释义**】本条明确了保价行包、货物损失赔偿的流程要求。

行包、货运记录是证明行包、货物在运输过程中发生损失的凭证，是承运人内部责任划分的重要依据，是客户理赔的重要单据，车站应认真编制；将记录交给客户时，承运人应详细告知客户提赔（包括网上提赔）的相关事项，并做好理赔服务。

第十六条　对承运人责任明确的保价行包、货物损失，收货人或托运人向到站(营业部)或发站(营业部)提出赔偿要求时,到站(营业部)或发站(营业部)均应受理。行包、货物损失赔偿程序及权限、期限等,分别按行包和货物损失处理的有关规定执行。

【释义】本条明确了车站受理损失赔偿的要求。

承运人责任明确是指有充足的证据表明行包、货物损失产生是由于承运人直接原因造成的,而不是客户或者《保价规则》的免责范围事项造成的。客户向到站(营业部)或发站(营业部)提出赔偿要求时,到站(营业部)和发站(营业部)均应受理。目前行包和货物损失赔偿规章不同,保价赔偿的程序及权限、期限分别适用。

第十七条 行包、货物损失赔(补)偿通知书(以下简称"赔通")下达后应在 2 个工作日内送财务部门。财务部门接到"赔通"后,应在 5 个工作日内支付赔款。

【释义】本条明确了"赔通"下达后对业务及财务部门的规定。

"赔通"是向客户支付赔款的凭证。为提高理赔服务质量,加快理赔速度,无论行包还是货物,业务部门按时限要求下达"赔通"后,应在 2 个工作日内将"赔通"送到负责支付赔款的财务部门,与《铁路货物损失处理规则》规定一致。财务部门自收到"赔通"之日起到支付赔款时止应不超过 5 个工作日。

第十八条　国际联运保价货物在国内段发生损失时，按国内保价运输有关规定进行保价赔偿处理。

【释义】本条明确了国际联运保价货物损失赔偿的规定。

出境货物从发送站到国境站、入境货物从国境站到到站、过境货物从国境站到国境站发生货物损失时，按照铁路保价运输有关规定办理赔偿。

第四节　损失补偿

第十九条　符合补偿范围的保价货物在铁路运输过程中发生损失，经调查既不属于铁路承运人责任，又不是托运人、收货人以及押运人故意或过失行为造成的，铁路局集团公司可酌情对保价货物损失进行补偿（以下简称保价补偿）。

【释义】本条明确了保价货物损失补偿的原则。

补偿相当于保险的通融赔付，仅适用于保价货物。区别于赔偿，补偿不是铁路承运人应负的责任和义务，目的是为更好地开展保价运输，稳定客户、拓展业务。确定符合补偿条件后，是否对货物损失进行补偿，由铁路局集团公司根据实际情况确定。

第二十条　保价补偿范围包括：

（一）集装箱运输的货物；

(二)托运人、收货人自装卸的货物；

(三)有押运人的货物；

(四)因超过运到期限造成使用价值降低的货物；

(五)其他特定条件的货物。

【释义】本条明确了保价货物损失补偿的范围。

集装箱运输的、托运人(收货人)自装卸的和有押运人的保价货物发生非承运人责任的货物损失时(包括“门到门”运输接取送达过程中发生的货物损失)，铁路局集团公司可视具体情况决定是否进行补偿。因超过运到期限造成使用价值降低的货物是指有的货物要求一定的销售时间段，由于超过运到期限，虽然货物未发生损失，但影响了其销售、使用价值。其他特定条件的货物由铁路局集团公司保价运输管理机构审批认定。

第二十一条　保价补偿由铁路局集团公司负责审批和办理，不得授权下属单位。保价补偿应坚持“严格把关、谨慎处理”的原则，对保价补偿条件从严审核，严格按程序办理。

【释义】本条明确了保价货物损失补偿的办理权限和原则。

由于保价补偿不是必须的，其确定有一定条件，而实际操作中又存在多种情况，因此只能由铁路局集团公司保价运输管理机构负责审批，要求对补偿条件从严审核，严格按程序办理。

第二十二条　保价补偿程序：

（一）托运人或收货人向发站或到站提出保价补偿要求时，按批提交《赔偿要求书》（见《铁路货物损失处理规则》附件1-10），并附有关记录（货运记录、商务记录）、其他相关证明文件。

（二）车站受理保价补偿要求时，须审核《赔偿要求书》内容及有关证明文件。确认符合保价补偿条件的，车站应将所有保价补偿申请材料报铁路局集团公司审批，并抄知直属车务站段。

（三）处理铁路局集团公司（非发送铁路局集团公司）收到保价补偿申请材料后，应使用查复书征求发送铁路局集团公司意见，发送铁路局集团公司应自接到查复书之日起5个工作日内答复。逾期未答复的，视为无异议。

（四）发送铁路局集团公司同意补偿的，由处理铁路局集团公司填制《货物损失赔（补）偿通知书》（见《铁路货物损失处理规则》附件1-12）办理保价补偿；不同意补偿的，应说明理由和依据，由处理铁路局集团公司将保价补偿申请材料退还受理车站，并通知直属车务站段。

对同一客户多批同品类货物补偿，可合并办理，并附“货物损失清单”列明货物实际损失情况。

（五）受理车站应自收到铁路局集团公司不同意保价补偿的审核答复材料之日起5个工作日内，以正式文件或盖有公章的函件答复补偿要求人，同时将全部保价补偿材料复印留存后退还该要求人，收回《赔偿要求书》收据存档。

【释义】本条明确了保价货物损失补偿的程序。

在《铁路货物损失处理规则》中对损失赔偿的程序做了明确规定和调整，为适应货运票据电子化的变化和与《铁路货物损失处理规则》保持一致，《保价管理办法》在本条调整了单据名称，简化了手续，减少了货票等证明文件，明确保价货物损失补偿的程序，便于现场操作。

一般情况下，保价补偿多由发送铁路局集团公司办理。当客户提出的补偿要求不是针对发送铁路局集团公司时，处理铁路局集团公司应按本条第（三）、（四）款征求发送铁路局集团公司意见，这是与保价赔偿不同的地方。

第二十三条 保价补偿额比照赔偿的计算方法计算，最高不超过保价金额；托运人与发送铁路局集团公司针对保价补偿做出特别约定的，可按特别约定办理。

保价补偿款一般由发送铁路局集团公司在"保价赔偿费"项下列支。特殊情况下，经协商，保价补偿款由两个及以上铁路局集团公司共同分担时，相关铁路局集团公司分别列支。保价补偿件数由发送铁路局集团公司统计，款额由分担铁路局集团公司分别统计。

【释义】本条明确了保价货物损失补偿的计算方法和列支、统计途径。

除托运人在办理保价运输时与发送铁路局集团公司就保价补偿做出特别约定以外，保价补偿金额与保价赔偿金额计算方法一致，根据货物的损失比例与保价金额进行补偿，最高不得超过货物的保价金额。

第二十四条 在接取送达或仓储等物流过程中发生的保价货物损失，其托运人或收货人向车站提出保价补偿要求时，经审核符合保价补偿条件的，可办理保价补偿。但因委托社会物流企业责任造成货物损失的，应向其追偿。

车站应按规定编制货运记录（商务记录），记明货物损失情况，必要时列出货物损失清单。委托社会物流企业办理接取送达或仓储的，货物损失清单须经接取送达或仓储单位签认并加盖单位印章。

【释义】本条明确了在接取送达或仓储等物流过程中发生保价货物损失补偿的办理要求。

《保价规则》中明确保价运输的范围已扩大到铁路物流全过程。因此本条指出在接取送达或仓储等物流过程中发生保价货物损失，符合条件的可办理补偿。

对于社会物流企业责任造成的货物损失，铁路在补偿客户损失后，应根据委托协议向物流企业追偿；为了准确地划分责任，在与物流企业交接货物时，应认真检查货物状态，发生损失时做好记录。非保价仓储货物发生损失不适用本条款。

第五节　代理铁路货物运输保险

第二十五条 铁路局集团公司代理铁路货物运输保险业务，应遵守《中华人民共和国保险法》及保险代理的有关规定。铁路局集团公司应与保险公司签订代理铁路货物运输保险协议，协议中除应明确双方的权利义务外，还应有保险公司提供损失赔偿情况的约定。

【释义】本条明确了代理铁路货物运输保险的基本要求。

代理铁路货物运输保险应遵守《中华人民共和国保险法》相关规定，代理机构应取得保险代理业务许可证。目前各铁路局集团公司的代理资质情况各不相同，有的在铁路局集团公司，有的在货运业务部门，有的在多元经营部门。无论哪种情况，都要符合法律法规要求并签订委托代理协议，同时协议要对保险公司提供损失赔偿情况进行约定。

第二十六条　铁路局集团公司保价运输管理机构负责代理铁路货物运输保险管理工作。代理铁路货物运输保险的车站由铁路局集团公司保价管理机构根据车站保价业务开展的实际情况审核批准。

【释义】本条明确了代理铁路货物运输保险由铁路局集团公司保价管理机构负责，与《保价管理办法》第六条相对应。

无论铁路局集团公司保价运输管理机构是否具有代理资质，委托代理协议由铁路局集团公司哪个部门负责签订，铁路局集团公司保价运输管理机构都要行使代理铁路货物运输保险的管理职责。统筹掌握集团公司保价运输和代理铁路货物运输保险情况，根据车站保价业务开展的实际情况审核批准可办理代理铁路货物运输保险的车站。

第二十七条 车站在代理铁路货物运输保险业务时，应坚持托运人自愿的原则。托运人要求办理铁路货物运输保险时，应在货物运单“托运人记事”栏内注明“[商险＋号码]”或“[铁险＋号码]”字样。货物发生损失时，车站应协助保险公司做好损失调查、处理工作。

【释义】本条明确了车站代理铁路货物运输保险业务的要求。

根据《中华人民共和国铁路法》第十七条规定，托运人自愿选择是否办理铁路货物运输保险。为适应货运票据电子化的变化，便于现场操作，将原来分别放在承运人记事和托运人记事的保险内容合并，在“托运人记事”栏内注明[险种＋号码]，险种又分为商业保险和铁路保险，便于区分。

第二十八条 代保险公司办理铁路货物运输保险的收入，由办理站上缴铁路局集团公司收入管理部门。铁路局集团公司按与保险公司签订的协议，定期与保险公司结算代理铁路货物运输保险手续费。铁路局集团公司收入部门应向保价管理机构提供代理保险收入数据。

严禁车站以现金或实物、投资等形式变相收取代理铁路货物运输保险手续费。

【释义】本条明确了代理铁路货物运输保险的收入管理规定。

代理铁路货物运输保险的收入由铁路局集团公司统一管理，与保险公司结算代理铁路货物运输保险手续费应采取定期结算方式，并纳入代理保险协议；进一步明确提供收入数据的部门并再次重申车站不得以其他形式变相收取代理保险手续费。

第二十九条 代理铁路货物运输保险手续费列入铁路局集团公司其他业务收入。代理保险手续费收入用于改善货物运输安全设施、货物安全防范、损失处理、垫付赔款、营销宣传、办公经费等支出。代理铁路货物运输保险发生的支出在其他业务支出中核算。

【释义】本条明确了代理铁路货物运输保险手续费的收支列账单位、科目、用途等规定。

代理铁路货物运输保险的手续费属于铁路局集团公司其他业务收入，不再纳入运输收入，用于代理铁路货物运输保险的有关支出在其他业务支出中核算。由于手续费已留在铁路局集团公司，不存在总公司单独结算的问题。

第三十条 铁路局集团公司开展代理铁路货物运输保险业务的，应优先支持中国铁路财产保险自保有限公司（以下简称铁路保险公司）的相关产品。

铁路保险公司开展货运保险业务，应经总公司货运部公布。铁路保险公司应与受委托的铁路局集团公司、专业运输公司签订相关业务合作或委托服务协议。铁路货运保险业务管理由货运保价运输管理机构统一负责，款项支付及清算由保价财务负责。综合服务费比照代理保险手续费收入使用。

【释义】本条是新增的内容，明确了铁路保险公司开展货运保险业务的基本规定。

铁路保险公司成立后，在总公司有关部门的指导下，逐步推出保险产品。在货运险领域，目前已开展了中欧（亚）班列货运保险等业务。为规范此类业务，在此条对铁路局集团公司和铁路保险公司开展货运险的原则和基本规定进行明确。

第四章　营销管理

第一节　费率浮动

第三十一条　总公司制定行包、货物的保价基本费率；保价基本费率按《铁路保价运输规则》的规定执行。

【释义】本条明确了保价的基本费率由总公司制定。

本节是关于保价费率浮动的规定，基本费率是费率浮动的基础。总公司制定基本费率，在《保价规则》中进行了明确。

第三十二条　铁路局集团公司可根据管内实际，综合考虑市场竞争状况、地域、季节及托运人意愿、承保物品运量及品类、出险率和赔付率等因素，对保价基本费率实行浮动。保价费率浮动可以针对客户实施，也可针对品类或运输方式等实施，也可按物流总包项目实施（其中保价收入应不低于该物流总包项目总额的1%）。保价费率浮动调整由铁路局集团公司负责管理。

【释义】本条明确了铁路局集团公司负责管理保价费率浮动及实施浮动的原则。

与《保价管理办法》第六条相对应，本条再次重申铁路局集团公司保价运输管理机构的职责。为更好地开展保价营销，拓展保价业务范围，铁路局集团公司可根据管内实际情况，在基本费率的基础上，上下浮动调整保价费率。保价费率可根据营销需要针对货物品类、客户、运输方式、物流总包项目等实施浮动，形式可灵活多样；费率浮动方式不仅限于站段申请、铁路局集团公司批准，可采取多种形式。为灵活适应市场要求，如营销需要可由铁路局集团公司浮动保价费率，以协议或文件形式明确。

第三十三条　保价费率浮动应考虑市场情况，适度控制浮动幅度，保持相对稳定。直属车务站段间或枢纽地区同一名称的行包、货物保价费率应保持基本一致。管内同一托运人同一名称的物品保价费率可实行统一浮动。保价费率的最小浮动单位为0.1‰。

【释义】本条明确了保价费率浮动的具体要求。

保价费率浮动主要是根据市场营销需要来实施的，但执行中有一些基本要求，其目的是兼顾稳定与灵活，避免造成无序的内部竞争。

第三十四条　重点客户可执行长期稳定保价费率，对上年度没有发生损失赔偿或赔付率较低的，可适当下浮本年度保价费率。铁路局集团公司可与重点客户签订协议，约定保价费率，特殊情况也可对协议客户的货物按车或按

吨约定保价费。

【释义】本条明确了重点客户保价费率浮动的规定。

重点客户是铁路保价运输收入的主要来源，从客户关系管理的角度，比照保险行业通行做法，铁路局集团公司可酌情给予保价费率下浮。同时为突破保价以价格和费率为基础的计费模式，铁路局集团公司可与客户签订协议，通过协商采取灵活的费率策略和多样的办理形式，更好地适应市场需要。

第三十五条 车站申请保价费率浮动时，应填写“保价费率浮动审批表”（附件2），一式三份，说明浮动理由，经直属车务站段审核后报铁路局集团公司审批。铁路局集团公司批准后，审批表一份由铁路局集团公司留存，一份送站段，一份交车站执行。为灵活适应市场需要，按品类或运输方式、物流总包项目实施费率浮动的，可不填写“保价费率浮动审批表”，由铁路局集团公司统一公布。

【释义】本条明确了保价费率浮动申请审批的一般程序。

一般情况下，保价费率浮动由车站申请、直属站段审核、铁路局集团公司批准，填记内容见“保价费率浮动审批表”。按品类、运输方式或物流总包项目执行费率浮动的，可简化程序和手续，不必填写“保价费率浮动审批表”，由铁路局集团公司以协议或文件的形式公布。

第三十六条 保价费率浮动期限原则上不超过一年

（以自然年计）。对确需延长浮动期限的，铁路局集团公司应于次年初重新公布。

【释义】本条明确了保价费率浮动的时限。

保价费率浮动是根据市场营销需要做出的调整，因此应有一定期限，原则上不超过一年（以自然年计）。自然年是指以公历计算的一个完整的年度，即 1 月 1 日至 12 月 31 日。铁路局集团公司应对管内的保价费率浮动进行管理，做好相应台账，并对延长浮动期限的按年进行公布。

第二节　客户关系管理

第三十七条　铁路局集团公司应加强保价客户关系管理，建立保价重点客户档案。档案应包括客户基本信息、发送站、主要运输货物名称、运量、保价金额、执行的保价费率、年缴纳保价费数额、损失统计、理赔统计、保价协议执行情况等信息。

铁路局集团公司应建立客户沟通协调机制，采取召开保价运输意见征询会、保价客户恳谈会等多种形式加强与客户沟通。

【释义】本条明确了对铁路局集团公司加强保价客户关系管理的要求。

客户关系管理中将保价客户细分为重点客户和主要客户，以年缴纳保价费数额为主要划分依据。重点客户是铁路局集团公司保价收入的主要来源，重点客户和主要客户的条件由各铁路局集团公司根据自身情况确定，铁路局集团公司应分层次做好保价客户关系管理。本条列出了保价重点客户档案包含的主要内容，并要求铁路局集团公司应建立客户沟通协调机制，定期或者不定期采取各种形式加强与客户沟通，听取客户的意见和建议，提升客户满意度。

第三十八条 直属车务站段应建立保价主要客户档案。档案应包括客户基本信息、运输货物名称及运量(是否保价)、损失统计、理赔统计等。

直属车务站段应建立定期走访保价客户制度，征求有关保价运输及理赔服务意见和建议，及时处理反映的问题。

【释义】本条明确了对直属车务站段加强保价客户关系管理的要求。

铁路局集团公司建立保价重点客户档案，直属车务站段相应建立其管内保价主要客户档案。直属车务站段应建立定期走访保价客户制度，这里的客户是泛指，不仅指重点客户、主要客户，还包括新增客户、潜在客户等。

第三节　营销宣传

第三十九条 铁路局集团公司应加强保价营销宣传，根据管内保价运输特点，落实总公司保价营销宣传总体要求，充分利用广告、展板等形式，积极开发互联网等新媒介，

扩大保价营销宣传覆盖范围,提高社会及铁路内部干部、职工对保价运输的认知度,并定期组织开展保价营销宣传经验交流。

【释义】本条明确了对铁路局集团公司加强保价营销宣传的要求。

保价营销宣传是一项持续性日常工作。每年总公司会围绕当年的运输中心工作,提出保价营销宣传总体要求。铁路局集团公司据此制定本集团公司保价营销宣传计划并逐一落实。同时还要注意营销宣传不仅是对外的,还包括对内的。不仅要对社会、对客户开展宣传,还应对铁路内部,对相关岗位职工、对其他业务部门等开展宣传。通过持续的营销宣传,树立铁路保价的良好品牌形象。

第四十条 直属车务站段应进行针对性的保价营销宣传,采取在营业厅(室)等公共场所展示铁路保价标识(附件7)、提供保价知识宣传图册、开展保价理赔常识宣传、办理运输业务时进行必要风险提示等方式,增强保价营销宣传效果。

【释义】本条明确了对直属车务站段加强保价营销宣传的要求。

直属车务站段应根据其管内的具体特点进行有针对性的营销宣传。本条列出了一些具体营销宣传形式,并鼓励站段开拓思路、创新营销宣传形式。

第四节　保价标识

第四十一条　铁路保价标识是经合法注册的商标，标识的应用管理按总公司商标管理有关规定执行。

【释义】本条明确了铁路保价标识的属性。

自2007年应用铁路保价标识以来，经过十多年的宣传和应用，铁路保价标识已逐渐为铁路内外所了解和熟悉，保价运输的品牌形象已逐步建立。从商标管理的角度，《保价管理办法》明确铁路保价标识是经合法注册的商标。

第四十二条　铁路保价标识，可应用于行包、货物运输涉及保价业务办理、损失理赔的场所，需要进行保价营销宣传的场所、物品、媒体等。具体应用按照《铁路货运标识》企业标准和铁路保价《视觉识别管理手册》中所列项目和内容进行。

【释义】本条明确了铁路保价标识的使用范围和应用要求。

铁路保价标识根据营销宣传的需要选择应用。总公司于2018年印发了《铁路货运标识》企业标准，保价标识也是其中一项内容，应用同样应遵循标准。

第四十三条　保价标识使用时，必须按照标准字体、标准颜色、标准组合方式应用，中英文名称之间的比例、间距不应更改，可按比例放大缩小，不得改变标识的文字、图形和颜色。

【**释义**】本条明确了铁路保价标识的使用要求。

铁路保价标识代表的是铁路保价运输的品牌形象，因此必须按要求规范使用。

第五章　资金收支管理

第一节　管理方式及原则

第四十四条　保价运输资金的财务收支，采取收入统一上缴、支出按比例由总公司清算的管理方式。

【释义】本条明确了保价资金财务收支的管理方式。

根据《铁路运输收入管理规程》，保价运输资金属于使用铁路运输票据，按规定向旅客、托运人、收货人核收的铁路运输收入，因此实行统一上缴、内部清算的管理方式。

第四十五条　总公司每年提出保价收入目标，并按照“以收定支、多收多支”的原则，对铁路局集团公司按其行包、货物(含国际联运)实际完成保价收入分别清算。

铁路局集团公司应按照收支配比的原则，合理安排保价运输支出预算，并根据保价收入实际完成情况和开展业务支出需要，动态调整保价支出预算。

【释义】本条明确了保价资金收支管理的原则。

每年年初总公司根据上年实际完成和当年运输形势等提出保价收入目标；“以收定支、多收多支”的原则是指保价支出根据保价收入来确定，收入越多，清算越多，分别按行包和货物保价收入实际完成来确定实际清算比例，目的是更好地调动铁路局集团公司的积极性。为保证开展保价业务和理赔需要，收入清算到铁路局集团公司后，按全面预算管理的要求，应合理安排保价运输支出预算并动态调整。

第二节　收入及清算

第四十六条　铁路局集团公司、大秦铁路股份有限公司保价运输进款全部上缴总公司。合资、股改铁路公司核收保价运输进款按比例分成作为其收入，其余作为公司所在地铁路局集团公司的保价运输进款。

【释义】本条明确了保价运输收入的上缴原则。

收入上缴有两种情况，一种是全部上缴，一种是分成后上缴，大秦铁路公司属于股改铁路公司中的特例，是全部上缴。

第四十七条　国铁控股的合资、股改铁路公司保价运输收入由铁路局集团公司根据运距与其按比例分成，原则上铁路局集团公司保价收入所得比例不低于60%；地方铁路办理直通运输的保价运输，按比例分成时国铁所得比例原则上不低于40%。

合资、股改、地方铁路公司的保价分成收入应用于货物的安全防范、损失赔偿和奖励等费用的支出。各铁路局集团公司可根据实际情况与合资、股改、地方铁路公司商定具体收支。

【释义】本条明确了保价运输收入的分成比例及合资、股改、地方铁路公司保价收入的用途。

国铁控股合资、股改铁路公司的保价分成比例按照铁路局集团公司与其签订的协议执行；由于国铁运营里程较长，运距较大，原则上铁路局集团公司所得比例不低于60%。

地方铁路办理直通运输的保价运输时，可按国铁委托地铁代办的形式办理，也可按比例分成，由所在地铁路局集团公司与地方铁路协商确定。非国铁控股的合资铁路比照地方铁路办理。如果协商为按比例分成，则国铁所得比例原则上不低于40%。

保价分成收入应用于与货物运输安全防范、货损理赔、营销、员工积极性调动等相关的支出。在此原则下，保价收入具体用在哪些方面由双方协商确定，目的是进一步下放保价业务管理权限。

第四十八条　保价清算按照实际完成保价运输进款的一定比例进行清算。铁路局集团公司通过总公司财务部清算，大秦铁路股份有限公司以及中铁快运股份有限公司、中铁联合国际集装箱有限公司通过总公司资金清算中心清算。

【释义】本条明确了保价运输收入的清算原则和清算负责部门。

按比例清算体现的是“以收定支、多收多支”的原则。

第四十九条 保价收入用于保价成本和技术改造支出，由总公司清算。保价成本清算比例按财务部有关文件执行；保价技术改造支出额度按各铁路局集团公司上年保价收入实际完成计算，纳入发展和改革部年度投资计划文件下达。

【释义】本条明确了保价运输收入的支出范围和比例。

保价运输收入的支出范围：一是保价成本支出，二是技术改造支出(即原来的更新改造支出)，二者由总公司分别清算，用途和列支途径均不同。保价成本支出主要指用于开展保价业务所需的有关成本性支出，具体内容见下一节。成本支出清算比例按财务部有关文件执行。技术改造支出指保价设施设备投资，按《铁路运输设施设备技术改造投资计划管理办法》《铁路保价运输设施设备投资管理办法》的规定执行。自2018年起，保价技术改造支出纳入发展和改革部投资计划文件一并下达，不再区分局管和补助项目。

第三节　成本支出

第五十条 保价成本支出根据《运输成本费用管理核算规程》的有关规定列支。支出范围为：

(一)保价赔偿费(行包和保价货物的损失赔款、保价补偿款)；

（二）保价安全支出（用于行包、货物安全防范发生的费用，如保安看护费、押运费、装载加固材料费及其他防盗防损费等）；

（三）保价损失处理费（含损失现场勘查、施救清理、工具材料购置、损失鉴定、通信、会务、交通等费用）；

（四）保价委托代办业务费（开展保价业务发生的委托代办费等支出）；

（五）办公费；

（六）差旅费；

（七）短途运输；

（八）保价营销宣传费（用于保价营销广告、展览、宣传，营销场地租用费、营销宣传品购置等与保价营销相关的费用）；

（九）保价大修理支出；

（十）运用维修费（与保价运输有关的设施设备维护、维修等费用）；

（十一）从事保价工作人员的工资及保价业务奖励费；

（十二）其他与保价运输相关的支出。

【释义】本条明确了保价成本支出的具体范围。

保价成本支出应符合《运输成本费用管理核算规程》的有关规定。为便于铁路局集团公司和站段实际使用，本条尽可能详细地列出了成本支出的具体范围。保价成本支出不仅包括《运输成本费用管理核算规程》中“3661 保价业务支出”的内容，还包括“1661 保价运输人员工资”“2122 保价设备折旧”等的内容。《运输成本费用管理核算规程》与《保价管理办法》对保价成本支出范围的描述是一致的，且互为补充。

“（一）保价赔偿费”：在《运输成本费用管理核算规程》中指保价货物、行李、包裹在运输过程中由于本企业责任发生货物、行李、包裹损失的净支出，包括：对旅客、托运人、收货人的赔偿支出；保价货物、行李、包裹变价收入冲减。在《保价管理办法》中概括为行包和保价货物的损失赔款、保价补偿款。

“（二）保价安全支出”：在《运输成本费用管理核算规程》中指为保证保价运输货物、行包安全发生的支出，包括：组织人员维护车站及货场货物、行包安全的支出；雇用押运看护人员的支出；其他用于行包、货物安全防范发生的费用。在《保价管理办法》中概括为用于行包、货物安全防范发生的费用，如保安看护费、押运费、装载加固材料费及其他防盗防损费等。

“（三）保价损失处理费”：在《运输成本费用管理核算规程》中指处理保价货物、行包损失所发生的支出，含损失现场勘查、施救清理、工具材料购置、损失鉴定等费用。在《保价管理办法》中增加明确包含通信、会务、交通等费用。

“（四）保价委托代办业务费”：在《运输成本费用管理核算规程》中指委托其他单位为铁路代办货物、行包保价运输业务支付的劳务费、手续费。在《保价管理办法》中概括为开展保价业务发生的委托代办费等支出。

“（八）保价营销宣传费”：在《运输成本费用管理核算规程》中指用于保价营销及宣传的费用。在《保价管理办法》中明确为用于保价营销广告、展览、宣传，营销场地租用费、营销宣传品购置等与保价营销相关的费用，内容更详细。

第五十一条 保价成本支出优先保证赔偿、安全防范

和保价委托代办业务费支出，营销宣传等支出在规定比例内安排：保价赔偿费按实际发生数支付，保价营销宣传费按保价收入的3%，保价大修理费按保价收入的10%。调整比例时应报总公司货运部备案。国际联运货物保价收入，优先用于发站和国(过)境站国际联运货物保价运输的安全防范、损失勘查、施救所需费用的支出。

【释义】本条明确了保价成本支出的具体比例。

为确保保价业务的正常开展，保价成本支出应优先保证赔偿、安全防范和保价委托代办业务费支出。部分支出的指导性比例在本条中予以明确。

第五十二条 行包、保价货物损失赔款，由各级财务按规定权限支付。处理铁路局集团公司代垫付的损失赔款，由处理铁路局集团公司向责任铁路局集团公司下达转账通知单(财务通知书)，连同定责通知书、“赔通”副本送责任铁路局集团公司。责任铁路局集团公司自接到处理铁路局集团公司汇总的转账通知单的次日起，按月向处理铁路局集团公司支付垫赔款。一批行包的赔款额或铁路局集团公司间分摊后的赔(补)偿款额不足500元时，一批货物的赔款额或铁路局集团公司间分摊后的赔(补)偿款额不足1 000元时，互不清算。

【释义】本条明确了行包和保价货物损失赔(补)偿款的清算规定。

行包损失赔款(无论是否保价)和保价货物损失赔(补)偿款,均由各级保价财务部门按权限支付。为提高资金使用效率,责任局集团公司应按月及时向处理局集团公司清算垫付赔(补)偿款。为进一步简化清算手续,对应《铁路货物损失处理规则》的轻微损失,调整货物分摊清算额度,明确了铁路局集团公司间互不清算的款额:行包统一到不足500元(不含500元)互不清算,货物统一到不足1 000元(不含1 000元)互不清算。

第五十三条 涉及物流总包业务的保价货物损失赔款由保价成本承担。支付赔款铁路局集团公司向指定账户支付后,每季度次月10日前与责任铁路局集团公司办理资金清算。

【释义】本条明确了物流总包业务保价货物损失赔款的列支和清算规定。

涉及物流总包业务的保价货物发生损失后,支付赔款铁路局集团公司与责任铁路局集团公司办理资金清算的时间是每季度次月10日前。

第五十四条 保价委托代办业务费最高不超过代办单位缴纳保价费总额(含税)的10%,特殊情况需超出的应报总公司货运部备案。委托代办保价业务费按代办协议约定与代办单位办理结算。

【释义】本条明确了委托代办保价业务费的规定。

委托代办保价是保价拓展业务的重要渠道，对应《保价规则》第七章的规定，在《保价管理办法》中明确了委托代办保价业务费的指导性比例范围，具体内容在委托代办保价协议中由铁路局集团公司与对方约定。同时明确计算委托代办保价业务费时，保价费总额的口径是含税。为灵活适应市场变化，将委托代办保价业务费的比例调整权限下放给铁路局集团公司，特殊情况下比例若超出10%，应报总公司备案，不必审批。

第五十五条 铁路局集团公司应建立完善激励约束机制，对通过市场营销取得的保价保险收入，制定规范的绩效考核办法，鼓励多劳多得，向与保价保险业务和损失处理直接相关的岗位和基层站段倾斜，充分调动开展保价保险工作的积极性。保价业务奖励在保价成本中列支，计提比例不超过保价收入的10%；保险业务奖励在其他业务支出中列支，计提比例不超过代理保险手续费收入的20%。

【释义】本条明确了保价保险业务奖励的支出规定。

保价保险业务奖励是激励铁路保价工作人员的有效手段，因此要求铁路局集团公司要建立完善激励约束机制，制定规范的绩效考核办法，充分调动各单位和职工的积极性和主观能动性，并强调业务奖应向直接相关的岗位和基层站段倾斜。同时分别明确了保价和保险业务奖的列支和计提比例。保险业务奖不属于保价成本支出范畴，放在此条一并表述，是因为奖励性质相似，便于现场理解和操作。

第五十六条　直属车务站段按季度将保价成本支出情况报铁路局集团公司，由铁路局集团公司将保价成本支出情况按季汇总，按规定格式报总公司货运部。

铁路局集团公司于次年3月底将保价年度决算资料报总公司货运部。

【释义】本条明确了对各级提供保价资金支出情况的要求。

目前，比照其他财务报表，保价成本支出情况表也实行直属车务站段编报，铁路局集团公司汇总上报总公司的形式。同时本条规定了保价年度决算资料的提报时间。

第六章　信息与分析

第一节　信息系统

第五十七条　保价信息系统是集成管理保价运输各业务功能的系统。通过接入货物、行包运输等相关数据，实现自承运保价时起至支付赔款时止的全业务过程的管控。

【**释义**】本条明确了保价信息系统的概念。

开发保价信息系统是实现铁路保价运输管理信息化、现代化的重要举措，提高了铁路货物损失处理的效率，方便运用大数据对铁路保价运输业务进行分析。

第五十八条　保价信息系统管理采用总公司统一发布、专业管理、分级负责、分层落实的办法，逐级做好系统的建设、管理、监控、维护、考核工作。

【**释义**】本条明确了保价信息系统的管理方式。

各单位要认真落实总公司关于保价信息系统的要求，做好各级职责范围内的系统维护、管理等工作。

第五十九条 建立总公司、铁路局集团公司两级系统管理组和总公司、铁路局集团公司、直属车务站段三级运行维护团队。两级系统管理组负责系统运行维护管理和考核工作，三级运行维护团队负责系统的运行维护、技术支持和培训服务工作。

【释义】本条明确了保价信息系统管理和运行维护的组织架构。

第六十条 各级保价运输管理机构应加强保价信息系统运用管理，通过系统处理行包货物损失和赔偿、监督保价投资管理、加强保价资金管理、做好保价统计分析等工作，保证系统运行稳定。

【释义】本条明确了对加强保价信息系统运用管理的要求。

通过保价信息系统，主要完成行包货物损失和赔偿处理、保价投资管理监督、保价资金管理强化、保价统计分析等工作。

第二节　统计分析

第六十一条 建立保价业务分析制度。铁路局集团公司应按照客户别、品类别等建立台账，对管内保价覆盖率、重点客户投保率、客户投保意愿、客户安全需求等方面进行分析。直属车务站段应按照客户别、品类别等对营业站点的保价运输开展情况进行分析。

【释义】本条明确了建立保价业务分析制度。

本节是关于统计分析的内容，分别要求建立几项分析制度。通过保价业务分析，发现保价业务存在的问题，总结保价业务的经验，为后续保价业务的开展提供决策依据。

第六十二条 建立保价费率浮动评价分析制度。铁路局集团公司要对费率浮动前后的保价收入、保价率、赔付率等方面变化情况进行比较分析，评价浮动效果。铁路局集团公司应于每年 2 月底前将“保价费率浮动情况表”（附件 3）报总公司货运部。

【释义】本条明确了建立保价费率浮动评价分析制度。

保价费率浮动是重要的营销手段，通过保价费率浮动分析，评价费率浮动取得的效果，为以后实施费率浮动提供决策依据。同时要求铁路局集团公司每年年初对管内的费率浮动情况进行梳理，上报“保价费率浮动情况表”。

第六十三条 建立保价收入及损失统计分析制度。各级保价运输管理机构和车站应按月填报“货物保价运输报告”（附件 4，国内和国际联运分别填报）、“行包保价运输报告”（附件 5），铁路局集团公司于次月 10 日前汇总报总公司货运部。铁路局集团公司、车站对国际联运保价货物的保价情况和国内段损失情况单独统计分析。铁路局集团公司按季度向总公司货运部报送保价工作及理赔情况总结。

铁路局集团公司每季度结束后次月 20 日前将上季度“货物损失赔款局间清算表”(附件 6)报总公司货运部。

【释义】本条明确了建立保价收入及损失统计分析制度。

保价收入和损失统计分析均通过“铁路保价运输管理系统”实现和上报。按季度对保价工作及理赔情况进行总结,是持续性的工作要求。按季度报“货物损失赔款局间清算表”是对铁路局集团公司保价财务人员的要求。

第七章　附　　则

第六十四条　保价投资按有关规定执行。

【释义】本条对保价投资相关事宜进行了明确。

保价投资有专门的管理办法，按《铁路保价运输设施设备投资管理办法》及技术改造等有关文件执行。

第六十五条　与铁路局集团公司办理直通运输的合资、地方铁路办理保价运输时应按照本办法执行，仅在合资、地方铁路管内运输可参照执行。

【释义】本条也属于明确适用范围的范畴。

为了和《保价规则》保持一致，将这部分内容从原总则的第三条调整至这里。

第六十六条　铁路局集团公司可依据本办法制定实施细则，并报总公司货运部备案。

【释义】本条明确了铁路局集团公司可制定实施细则的要求。

根据《保价管理办法》各铁路局集团公司可以制定实施细则,并报总公司货运部备案,仅限在本集团公司管内有效。

第六十七条 本办法由总公司货运部负责解释。

【释义】本条明确了《保价管理办法》的最终解释权。

第六十八条 本办法自2019年6月1日起施行。前发《铁路保价运输管理办法》(铁总运〔2015〕319号)同时废止。

【释义】本条明确了《保价管理办法》的施行时间、废止的文电。

附件 1

重点保价行包、货物(△B)运输台账

顺序号	日期	运单号	发站	到站	托运人	收货人	物品名称	件数	重量	车种车号	保价金额	附记
1	2	3	4	5	6	7	8	9	10	11	12	13

规格：A4 纸横印。

附件 2

保价费率浮动审批表

申请单位：　　　　　　　　　　　　　　　　　　　编号：(××局集团公司)保费率(年份)××号

<table>
<tr><th>物品名称</th><th>代　　码</th><th>基本费率</th><th>浮动后费率</th><th>适用范围</th></tr>
<tr><td></td><td></td><td></td><td></td><td></td></tr>
<tr><td></td><td></td><td></td><td></td><td></td></tr>
<tr><td></td><td></td><td></td><td></td><td></td></tr>
<tr><td></td><td></td><td></td><td></td><td></td></tr>
<tr><td colspan="5">浮动原因：</td></tr>
<tr><td colspan="3">审核意见：

年　　月　　日</td><td colspan="2">审批意见：(注明执行起止日期)

年　　月　　日</td></tr>
</table>

经办人：

注：1. 本表由申报单位填发一式三份：铁路局集团公司、站段、车站各一份，编号由审批单位填记。

2. 规格：A4 纸横印。

附件 3

保价费率浮动情况表

铁路局集团公司：

序　号	编　号	物品名称(运输方式)	代　码	基本费率	浮动后费率	适用单位和范围	执行起止日期

规格：A4 纸横印。

附件 4

货物保价运输报告

年　　月

<table>
<tr><td rowspan="3">单位</td><td colspan="12">总发送量</td><td colspan="12">其中，保价货物发送量</td><td colspan="3">保价金额</td><td colspan="3">保价费收入</td><td colspan="2">代办保险</td></tr>
<tr><td rowspan="2">合计批数</td><td rowspan="2">合计吨数</td><td colspan="2">整车批数</td><td colspan="2">整车吨数</td><td rowspan="2">集装箱批数</td><td rowspan="2">集装箱吨数</td><td colspan="2">零担批数</td><td colspan="2">零担吨数</td><td rowspan="2">合计批数</td><td rowspan="2">合计吨数</td><td colspan="2">整车批数</td><td colspan="2">整车吨数</td><td rowspan="2">集装箱批数</td><td rowspan="2">集装箱吨数</td><td colspan="2">零担批数</td><td colspan="2">零担吨数</td><td rowspan="2">合计</td><td rowspan="2">其中Ⓑ</td><td rowspan="2">其中（批量＋零散）</td><td rowspan="2">合计</td><td rowspan="2">其中Ⓑ</td><td rowspan="2">其中（批量＋零散）</td><td rowspan="2">铁险手续费收入</td><td rowspan="2">商险手续费收入</td></tr>
<tr><td>合计</td><td>其中批量</td><td>合计</td><td>其中批量</td><td>合计</td><td>其中零散</td><td>合计</td><td>其中零散</td><td>合计</td><td>其中批量</td><td>合计</td><td>其中批量</td><td>合计</td><td>其中零散</td><td>合计</td><td>其中零散</td></tr>
<tr><td>1</td><td>2</td><td>3</td><td>4</td><td>5</td><td>6</td><td>7</td><td>8</td><td>9</td><td>10</td><td>11</td><td>12</td><td>13</td><td>14</td><td>15</td><td>16</td><td>17</td><td>18</td><td>19</td><td>20</td><td>21</td><td>22</td><td>23</td><td>24</td><td>25</td><td>26</td><td>27</td><td>28</td><td>29</td><td>30</td><td>31</td><td>32</td><td>33</td></tr>
<tr><td></td><td></td><td></td><td></td><td></td><td></td><td></td><td></td><td></td><td></td><td></td><td></td><td></td><td></td><td></td><td></td><td></td><td></td><td></td><td></td><td></td><td></td><td></td><td></td><td></td><td></td><td></td><td></td><td></td><td></td><td></td><td></td><td></td></tr>
<tr><td></td><td></td><td></td><td></td><td></td><td></td><td></td><td></td><td></td><td></td><td></td><td></td><td></td><td></td><td></td><td></td><td></td><td></td><td></td><td></td><td></td><td></td><td></td><td></td><td></td><td></td><td></td><td></td><td></td><td></td><td></td><td></td><td></td></tr>
<tr><td></td><td></td><td></td><td></td><td></td><td></td><td></td><td></td><td></td><td></td><td></td><td></td><td></td><td></td><td></td><td></td><td></td><td></td><td></td><td></td><td></td><td></td><td></td><td></td><td></td><td></td><td></td><td></td><td></td><td></td><td></td><td></td><td></td></tr>
<tr><td></td><td></td><td></td><td></td><td></td><td></td><td></td><td></td><td></td><td></td><td></td><td></td><td></td><td></td><td></td><td></td><td></td><td></td><td></td><td></td><td></td><td></td><td></td><td></td><td></td><td></td><td></td><td></td><td></td><td></td><td></td><td></td><td></td></tr>
</table>

单位领导：　　　　填报人：　　　　填报日期：　　年　月　日　　　　填报单位：

注：1. 1栏，车站使用时为日期，铁路局集团公司使用时为主要站别，铁路总公司使用时为铁路局集团公司或主要站别。
2. 保价金额以“万元”为单位，保价费收入及代办保险手续费收入均以“元”为单位（小数点后保留一位）。
3. 规格：A4 纸横印。

附件 5

行包保价运输报告

填报单位(章)：　　　　　　　　　　　　　　　　　　　　年　　月

项目 单位	业务量(件)																					保价费收入(元)					行包收入(元)					代办保险手续费收入(元)	附记
	行李				普通包裹				快运包裹				高铁快件				合计																
	发送	保价	中转	到达	发送	保价	中转	到达	发送	保价	中转	到达	发送	保价	中转	到达	发送	保价	中转	到达	总办理量	行李	普通包裹	快运包裹	高铁快件	合计	行李	普通包裹	快运包裹	高铁快件	合计		
1	2	3	4	5	6	7	8	9	10	11	12	13	14	15	16	17	18	19	20	21	22	23	24	25	26	27	28	29	30	31	32	33	34
合计																																	

审核人：　　　　　　　　填报人：　　　　　　　　填报日期：　　　年　　月　　日

注：1. 1栏，铁路局集团公司使用时为站、段，铁路总公司使用时为铁路局集团公司及较大车站行李房。

2. 中转行包卸、装各按一件统计。

3. 2、6、10、14、18栏为发送总件数，3、7、11、15、19栏为其中保价件数。

4. 规格：A4纸横印。

附件 6

货物损失赔款局间清算表

填表单位(公章):

	上期余额	×季度应收货赔款	×季度实收货赔款	期末余额
哈尔滨				
沈 阳				
北 京				
太 原				
呼和浩特				
郑 州				
武 汉				
西 安				
济 南				
上 海				
南 昌				
广 州				
南 宁				
成 都				
昆 明				
兰 州				
乌鲁木齐				
青 藏				
集装箱				

填表人: 填制时间:

规格:A4 纸竖印。

附件 7

保价标识

铁路保价

Insured Transport of China Railway

铁路保价

Insured Transport of China Railway